ROUX DE CORSE

OU

NOTICE HISTORIQUE ET BIOGRAPHIQUE

SUR

GEORGE DE ROUX

Ln 27 39585

ROUX DE CORSE

OU

NOTICE HISTORIQUE ET BIOGRAPHIQUE

SUR

GEORGE DE ROUX

MARQUIS DE BRUE

NÉGOCIANT ET ARMATEUR MARSEILLAIS

(1703-1792)

PAR

Alfred SAUREL

MARSEILLE

TYPOGRAPHIE ET LITHOGRAPHIE CAYER ET Cie

RUE SAINT-FERRÉOL, 57

1870

ROUX DE CORSE

OU

NOTICE HISTORIQUE ET BIOGRAPHIQUE

SUR

GEORGE DE ROUX

Marquis de Brue

NÉGOCIANT ET ARMATEUR MARSEILLAIS

(1703-1792)

Lorsqu'on récapitule de sang-froid la biographie des hommes illustres qu'a produits un pays, on ne peut s'empêcher de remarquer qu'en tête des hommes dont le nom est le plus connu et dont les mérites sont le plus vantés, se trouvent ceux qui ont vécu ou qui moururent au milieu des luttes sanglantes.

Les savants auxquels on doit les découvertes les plus utiles, les philosophes qui ont élaboré des traités propres à rendre nos semblables meilleurs, les agronomes à qui le cultivateur doit les études le mieux raisonnées pour tirer du sol les plus abondantes récoltes, les voyageurs qui ont exploré et fait connaître les régions les plus éloignées, tous ou presque tous, littérateurs, astronomes, navigateurs, sont inconnus ou oubliés, tandis que les noms des généraux qui ont répandu des flots de sang et tué des milliers d'hommes sont répétés de bouche en bouche et transmis de génération en génération.

Tôt ou tard, j'aime à l'espérer, viendra le jour où les conquérants seront, comme le fut Attila, traités de fléaux de Dieu et où l'auréole de gloire qui entoure leur front sera placée autour de la tête de ceux qui moralisent les nations, les éclairent ou les font prospérer par les voies pacifiques.

Si des considérations générales je passe aux faits particuliers, ne suis-je pas en droit de faire ressortir l'ingratitude que Marseille, ville essentiellement maritime et commerciale, montre à l'égard d'un négociant-armateur qui, seul en quelque sorte, durant vingt ans, au milieu des circonstances les plus difficiles, malgré les guerres et les désastres qu'elles entraînent, maintint son commerce florissant, comme il aurait pu le faire en temps de paix, et lui conserva son antique supériorité ?

Si j'entreprends de raconter sommairement la vie de cet homme remarquable, à qui Marseille doit beaucoup, c'est que dans aucun temps peut-être et dans nulle autre contrée, on ne vit un négociant livré à ses propres ressources et seul responsable de ses spéculations, essayer tant de choses et arriver à de si grands résultats.

Ce type de négociant est le plus beau, le plus complet qu'on puisse présenter à des hommes qui vivent du commerce et je crois leur être utile en racontant, en peu de pages, ce que fit Roux de Corse et ce qui a subsisté de ses œuvres.

I.

Le nom de Roux de Corse eut un retentissement dont l'écho est arrivé à peine à l'oreille de nos contemporains et c'est cette qualification impropre, mais généralement acceptée, que l'on doit employer même aujourd'hui quand il s'agit d'appeler l'attention sur George de Roux, marquis de Brue, celui-là même dont je vais retracer la biographie.

Comment se fait-il que George ait conservé si longtemps le surnom de Corse, bien que sa famille fût originaire de l'Archipel ? Rien ne le dit positivement, mais la raison paraîtra toute naturelle si les choses se passaient alors comme elles se passent aujourd'hui. Ne voyons-nous pas des familles portant le même nom que d'autres avec lesquelles elles ne sont unies par aucun lien de parenté, accepter ou rechercher même le surnom de la contrée, de l'île, de la côte que leurs navires fréquentent le plus assidûment?

Il n'est donc pas absurde d'admettre que Jean-François Roux, père de George, avait entretenu avec la Corse des relations commerciales suivies et que c'est justement par suite de la notoriété qu'il avait acquise à ce sujet, que les armateurs et les négociants, ses amis plutôt que ses concurrents, lui décernèrent ce nom qui devait le faire distinguer de ses homonymes.

Cette conclusion me paraît d'autant plus rationnelle que dans les lettres de naturalisation, dont je transcris le passage essentiel, on spécifie que l'importance de ses opérations commerciales ne saurait être mise en doute :

Ces lettres sont datées de Marly, mai 1714 (1).

« Louis, par la grâce de Dieu, roi de France et de Na-
« varre, comte de Provence, Forcalquier et terres adja-
« centes, à tous présents et à venir, salut. Notre bien-aimé
« Jean-François Roux, originaire de l'île de Tino, dans
« l'Archipel, fils d'André Roux et de Catherine Vitalis, son
« père et mère, faisant profession de la religion catholi-
« que, apostolique et romaine, nous a fait remonstrer que
« depuis plusieurs années, il a trafiqué et navigué sur
« divers bâtiments français et qu'il désirerait s'habituer

(1) Archives de la Ville.

« en notre royaume et ville de Marseille et de Toulon et « y vivre comme un de nos vrais et originaires sujets, en « continuant sa navigation et commerce maritime, sous « la bannière de la France, ainsi que font nos autres su- « jets, nous suppliant de lui accorder nos lettres de natio- « nalité à ce nécessaires. A ces causes, voulant favorable- « ment traiter le dit Roux de notre grâce spéciale, pleine « puissance et autorité royale, nous l'avons reconnu, « censé, tenu et réputé, par ces présentes signées de notre « main, pour notre vrai et naturel sujet et regnicole, etc. »

Il faut croire que Jean-François Roux faisait remonter d'un peu haut l'origine de sa famille, car dans un acte postérieur on se contente de rappeler que la famille Roux était originaire de Naples.

Pour en revenir une dernière fois sur cette dénomination de Corse attachée à la famille Roux, il me convient de répéter la supposition que j'ai entendu émettre et qui a bien quelques semblants de vérité.

Dans cette partie de la population marseillaise qu'on nomme *le peuple*, longtemps les Italiens pris en masse furent appelés *Corses*, de la même façon qu'ils furent désignés plus tard sous le nom générique de ***Napolitains***, et que de nos jours encore ils sont qualifiés de ***Piémontais***.

La famille Roux étant originaire de Naples, n'était-il pas naturel qu'elle fût classée dans cette grande catégorie des *Corses* ou *Corsois* dans laquelle tous les Italiens étaient rangés ?

Au résultat cette question est assez secondaire et s'il ne m'est guère possible de la résoudre complètement, je puis prouver que je suis mieux renseigné sur le mérite personnel de Jean-François Roux et sur les services qu'il rendit à l'État comme marin, car je lis dans une charte royale datée du mois de février 1750 :

« Nous sommes résolus de marquer l'estime siugulière

« que nous faisons de la personne et des mérites de Jean-« François Roux qui a été un de nos secrétaires près la « dite Cour et capitaine de vaisseaux pendant la guerre du « feu roi, notre très honoré seigneur et bisaïeul. Il donna « divers combats navals, prit ou brûla plusieurs vaisseaux « ennemis et fut souvent blessé dangereusement. »

C'est probablement à la suite de ces fatigues qu'il fut fait chevalier de Saint-Michel, mais je ne saurais en préciser la date.

On pourrait plus hardiment avancer quelques suppositions sur le degré de prospérité qu'atteignirent ses affaires, car tout porte à croire qu'elles furent florissantes et qu'il était fort riche lorsqu'il les abandonna, laissant entre les mains de ses deux fils la suite de toutes ses opérations commerciales. Ces deux fils, André et George, il les avait eus de son mariage avec Catherine Franceschi.

Il importe médiocrement de savoir à quel âge mourut André, car ce n'est que par quelques lignes de deux mémoires de procureur que son existence nous est révélée.

« Le père (de M. George de Roux), dit le premier de ces mémoires, son frère et lui sont les négociants de Marseille qui ont fait construire les plus beaux vaisseaux et en plus grand nombre.

« M. George de Roux, dit l'autre mémoire, devait encore (en 1773) à la dame veuve Roux, sa belle-sœur, une pension viagère de 6,000 livres (1). »

Quant à Jean-François Roux, sur ses vieux jours, il fut pensionné par l'État et nommé secrétaire d'État de la Cour des Comptes de Provence, et se retirant en quelque sorte du monde, il s'occupa spécialement de bonnes œuvres.

Lorsqu'il mourut, le 24 avril 1738, les capucins, dont il avait été le bienfaiteur; lui firent un de ces enterrements

(1) *Mémoires à consulter*, page 7.

somptueux qu'ils réservaient aux grands personnages. Il résulte d'une note recueillie dans les archives de cet Ordre : « qu'il existait dans la salle du couvent six tableaux, parmi lesquels il y avait M. *Roux de Corse*, chevalier de Saint-Michel, bienfaiteur insigne du couvent (1). »

Assurément les capucins n'auraient pas laissé une note aussi explicite dans sa brièveté, si Jean-François Roux ne leur avait donné des preuves de sa munificence.

La même note ajoute :

« M. Roux, de Corse, négociant, secrétaire de la chancellerie, a été enterré dans le caveau qu'il avait fait construire au milieu de notre église. »

Deux fois, ainsi qu'on le voit, en peu de lignes, le père de George Roux est nommé Roux de Corse ; quant à son fils, bien qu'il soit appelé dans les papiers publics *George de Roux*, lorsqu'il n'était pas encore chevalier de Saint-Michel et secrétaire du roi, grade et emploi qui l'avaient fait noble bien avant qu'il fût marquis, il est certain qu'il fut bien plus connu sous le nom de Roux de Corse, et Millin, Guys et Augustin Fabre ne le désignent pas autrement.

Cependant, pour rester autant que possible fidèle à l'histoire, je l'appellerai constamment *George Roux*, les diverses lettres patentes qui furent délivrées à son profit ne faisant pas même allusion au nom que porta son père.

II.

Malgré toutes les recherches auxquelles je me suis livré, il m'est impossible de fixer le jour de la naissance de George Roux. Tout ce qu'il m'est permis d'avancer c'est qu'il naquit en 1703.

En ce qui concerne ses premières années, mes rensei-

(1) Archives de la Préfecture

gnements sont égalements muets ; il est positif, toutefois, qu'il navigua d'abord sur les vaisseaux de son père et il est probable qu'il parcourut les îles que son activité féconda plus tard.

C'est seulement dans les registres municipaux de 1742 que nous voyons son nom apparaître pour le première fois ; mais l'on peut hardiment supposer qu'il avait déjà rempli avec distinction quelque emploi public ou rendu à l'État ou à la ville de signalés services, puisque Louis XV lui accorda, le 26 novembre 1742, les lettres qui lui conféraient le cordon de Saint-Michel (1). Doutera-t-on de ce que j'avance si je répète les paroles qui furent prononcées dans le chapitre où il fut reçu chevalier de cet ordre ?

« Nous aurons désormais nos listes décorées des noms de Coppens et de Roux et la postérité saura que Louis XV, au nord et au midi de ses États, a trouvé des sujets ardents pour sa gloire, qui dans les deux mers ont su défendre l'honneur de ses pavillons. »

Admettons donc que cette récompense était largement méritée par les services que George Roux avait rendus à l'État, tout en se livrant pour son compte à d'immenses opérations commerciales.

La plus importante de toutes est assurément la colonisation de la Martinique, œuvre gigantesque qu'il entreprit seul et qu'il mena à si bonne fin.

J'en trouve la confirmation dans les lettres-patentes datées de 1750, lettres dont j'aurai à m'occuper plus loin encore, car elles m'ont aidé à le suivre à travers les années les mieux remplies de son existence.

Il serait curieux d'étudier sur place quels souvenirs a laissés le négociant marseillais. Les créoles de la Martinique ont-ils en main quelque document intéressant de

(1) *Artefeuil*, histoire héroïque de la noblesse de Provence, II, 348.

l'œuvre entreprise par George Roux? Est-ce aussi à sa suite que les jésuites acquirent ces domaines dont parle quelque part M. Augustin Fabre?

« Un membre de la Compagnie, dit cet auteur, le Père Lavalette, visiteur général et préfet apostolique à la Martinique, y dirigeait un établissement immense qui produisit à la Compagnie de Jésus jusqu'à 280,000 francs par an. Il posséda 500 nègres, se livra à de vastes opérations commerciales et répandit son papier dans l'Europe entière. Il se lia d'affaires, en 1753, avec la maison Lioncy frères et Gouffre, de Marseille, laquelle accepta des lettres de change pour 1,500,000 francs dans l'attente de deux millions de marchandises. En 1755, le Père Lavalette expédia, en effet, plusieurs vaisseaux à cette maison de commerce. Mais les Anglais, avec lesquels la France était en guerre, les prirent presque tous et le crédit des frères Lioncy et Gouffre tomba en un instant. »

A défaut de plus amples renseignements, j'en suis réduit à transcrire ce que dit la charte royale de 1750 (1) :

« Ledit sieur de Roux a fait passer de toutes parts des milliers d'hommes et de femmes à la Martinique, ce qui a rendu cette île extrêmement peuplée, en sorte que par cet avantage elle a formé divers autres établissements dans les îles voisines. Il a fait subsister pendant vingt ans cette colonie par le grand commerce qu'il y a fait, en fournissant aux habitants ce qui leur était nécessaire pour leur entretien, et autres plusieurs millions d'espèces d'Espagne pour faciliter et aider leur commerce. Il a retiré de la même colonie, en échange de tout ce qu'il lui a fourni, des denrées du crû du pays, et par le débit de ces denrées dans tous les pays étrangers, il a procuré au royaume plus de trente millions d'espèces qui y sont

(1) Archives de la Préfecture.

entrées, et de ce grand commerce il a résulté que cette colonie est la plus riche, la plus florissante et la plus peuplée qui soit en Amérique et en état de donner par elle-même des lois aux îles voisines, qu'il a fait profit à nos revenus de plus de deux millions, qu'il a procuré à notre royaume le débit de plus de cinquante millions de ses denrées et manufactures et qu'il y a fait entrer en échange beaucoup d'or et d'argent. Par la grande quantité de vaisseaux et autres bâtiments de mer que l'exposant a eu continuellement, il a procuré l'entretien à des milliers de matelots et autres gens de mer et a formé une quantité immense de tout état qui nous ont depuis servi utilement. Dans une très-grande rareté d'espèces, l'intendant de notre ville de Toulon ayant des paiements urgents et considérables à faire pour notre service, ledit George de Roux fournit gratuitement et sans intérêts toutes les sommes nécessaires. »

On comprend dès lors qu'à peine âgé de quarante ans, George Roux eût pris la première place parmi ses concitoyens comme armateur, comme négociant, comme banquier et il était tout naturel qu'on songeât à solliciter ses lumières et son dévoûment pour l'administration des affaires municipales.

Aussi voit-on figurer son nom parmi les échevins nommés pour entrer en fonctions le 1er janvier 1743. En voici la liste complète : 1° Justinien Remuzat; 2° Joseph Crozet; 3° George de Roux, écuyer, chevalier de l'Ordre royal de Saint-Michel; Balthazard Mille.

On sait que, d'après les règlements, les deux derniers échevins étaient nommés pour deux ans. Durant la première année, leur rôle se bornait à peu de choses. C'était une sorte de stage pendant lequel ils s'initiaient peu à peu aux affaires courantes; mais la seconde année ils assumaient la responsabilité des actes et administraient la ville avec le concours des conseillers qui devaient contribuer et approuver leur gestion.

Le rôle de George Roux fut donc nul en 1743 ; mais nous allons voir que l'année suivante il montra tout ce qu'on devait attendre de lui.

Le 1er janvier 1744, l'échevinat se trouve composé de : George de Roux, Balthasar Mille, Pierre Gail, écuyer, et Jean Pourrière; mais les circonstances sont difficiles.

La guerre éclate entre la France et l'Angleterre et nos ennemis, maîtres de la mer sur bien des points, se hâtèrent de surveiller nos côtes, enlevant nos navires et faisant des descentes presque toujours funestes à la marine et au commerce.

Possesseur d'une fortune immense et armateur d'un nombre considérable de navires, Roux, dit Millin, avait, dès 1740, équipé à ses frais un vaisseau de ligne et une frégate de quarante canons qui protégeaient ses onze navires marchands et malgré l'imminence du danger, il continua d'entretenir avec les Antilles ses relations commerciales. Mais il ne lui suffit pas de se défendre, il attaque dans l'occasion et l'on voit sa flottille se lancer à la poursuite des ennemis et faire plusieurs captures importantes.

Quelques lignes d'une lettre adressée le 10 avril 1744 au comte de Saint-Florentin par les échevins de Marseille, prouvent que ceux-ci ne négligeaient aucune occasion de sévir contre les ennemis de la France.

«..... Nous vous supplions très-humblement de vouloir faire attribuer le produit de la vente du paquebot anglais à l'Hôtel-Dieu de cette ville, la détention et l'arrêt de ce bâtiment n'ayant été faits qu'*en suite de mes ordres.*

« La misère, suite inévitable de la guerre et de l'interruption du commerce, se fait déjà sentir en cette ville. Monseigneur, et l'Hôtel-Dieu, qui est l'asile des pauvres, a besoin plus que jamais d'un secours extraordinaire et cette capture lui en sera un (1). »

Deux autres documents dont on ne saurait nier l'importance viennent témoigner de l'activité que George Roux déploya lorsque les Anglais se présentèrent sur nos côtes avec des forces imposantes.

« C'est sur la vérification de ces faits, dit la charte de 1750, que nous l'avons déjà honoré, en 1742, du cordon de Saint-Michel et nous sommes informés que cette grâce n'a fait qu'animer de plus en plus son zèle au commencement de notre dernière guerre avec les Anglais, puisque par ses soins et par ses ordres, il fit monter toutes les batteries de la rade de notre ville de Marseille, armer tous les habitants, et se mit à leur tête pour s'opposer au débarquement que l'amiral Mathews, commandant l'escadre anglaise, composée de quarante-deux vaisseaux de guerre, méditait de faire dans la rade, ce qui l'empêcha de l'exécuter.

Une lettre adressée par les échevins à M. de La Tour, premier président et intendant, le 21 mai 1744, rend compte à peu près dans les mêmes termes de cette affaire :

« Monseigneur, pour mettre cette ville, le golfe et la rade en état de sûreté, conformément aux arrangements qui ont été donnés par M. le marquis de Mirepoix et par M. de Mauriac, nous avons donné tous nos soins à former six bataillons composés chacun de dix compagnies de cinquante hommes de milice bourgeoise et à établir les batteries. M. Roux, l'un de nous, s'y étant porté en personne diverses fois, et nous n'avons rien négligé pour donner dans ces circonstances de nouvelles preuves de notre zèle et de notre fidélité ; de quoi nous croyons, Monseigneur, devoir prendre la liberté de vous informer et vous protes-

(1) Archives de la ville.

ter que nous serons toujours plus empressés de concourir à tout ce qui pourra intéresser la sûreté publique. »

On remarquera avec quelle simplicité, avec quelle bonhomie, pourrait-on dire, cette relation est rédigée. George Roux a fait preuve en cette circonstance d'une modestie qu'on doit d'autant mieux apprécier que sa conduite était plus digne d'éloges. Mais à cette époque les hommes se contentaient de remplir leurs devoirs sans chercher à s'en faire un mérite. Hélas! que de chemin parcouru depuis lors!

Cependant l'homme riche doit se souvenir quelquefois qu'il lui appartient de donner des preuves de sa magnificence.

Cette occasion fut offerte à George Roux. En sujet dévoué au roi, il se crut obligé d'offrir l'hospitalité à la duchesse de Parme, fille de Louis XV, lors de son passage en Provence ; c'est encore une charte royale qui le constate :

« Il a fait dans ladite ville, dit ce document, la plus noble dépense pour la réception de notre très chère fille l'Infante, duchesse de Parme, qu'il a eu l'honneur de loger avec la plus grande partie de sa suite. »

C'est probablement dans l'hôtel qu'il habitait rue Noailles et non dans celui de la rue Montgrand, que George Roux reçut la princesse. Bien qu'il eût hérité de ce vaste immeuble, à la mort de son frère, il préféra le louer à la ville, au prix annuel de 3,000 livres, pour le logement de l'Intendant de Provence, lorsque ce personnage venait à Marseille, et ce n'est qu'à la fin de l'année 1771 qu'il vint l'habiter en personne.

Quant à l'hôtel qu'il habitait rue Noailles, il n'en reste plus trace, les anciennes maisons ayant disparu lors de l'élargissement de la rue ; mais on peut croire qu'il était somptueux et en rapport avec sa fortune qui s'élevait alors au chiffre de trente millions. En ce qui concerne son train de maison, je puis être plus affirmatif encore, si je m'en rapporte à ce que je lis dans un ouvrage du temps : « Son train de maison, dit ce livre, fut considérable, et l'on dit qne le nombre de ses domestiques égala la garde d'un petit souverain (1). »

Si l'on veut se faire une idée de la magnificence que George Roux savait déployer dans l'occasion, on n'a qu'à s'en rapporter à un autre ouvrage.

« Dans la fête donnée par M. de Roux, le 17 septembre 1744, à propos de l'*heureuse convalescence du Roi*, on remarquait le marquis de Mirepoix, commandant en Provence, et le marquis de Villeneuve, ambassadeur de France à la Porte Ottomane. Une table de cent couverts fut dressée dans le jardin de l'hôtel. Il y avait outre cela dans les appartements quantité d'autres tables pour ceux des convives qui avaient souhaité d'être servis en particulier. Le bal fut ouvert par le marquis de Mirepoix et Madame George de Roux, née *Louise Beraud* (2). Cette fête coûta à l'amphytrion 44,000 livres (3).

Rien ne manqua du reste au bonheur de George Roux, dans cette même année 1744. Cinq mois avant la fête dont je viens de parler, il lui naquit une troisième fille et la satisfaction qu'il éprouva dut être pour lui d'autant plus grande qu'il avait perdu les deux premières en bas âge (4). Aussi, plein d'espoir dans l'avenir de cette enfant, avait-il donné à la cérémonie de son baptême un éclat particulier.

(1) Maximes, réflexions, caractères ou ébauches des mœurs du siècle (1762).

(2) Le prénom est inexact. Mme de Roux se nommait *Lucie* et non Louise.

(3) *Description* des réjouissances qui ont été faites à Marseille, à propos de l'heureuse convalescence du roi.

(4) C'est à tort qu'Augustin Fabre a avancé que George Roux n'avait eu qu'une fille.

[library stamp]

La fille du chef de l'échevinat fut tenue sur les fonts, au nom et aux frais de la ville, le 9 mai 1744, par M. Balthasar Mille, deuxième échevin, et par Madame Pierre Gail, femme du troisième échevin, et reçut les prénoms de Marie-Désirée-Marseille.

Mais revenons aux faits principaux qui ont marqué la vie de George Roux.

Nous l'avons vu armateur heureux autant qu'habile et soldat intrépide autant que prudent ; voyons s'il fut aussi remarquable comme administrateur.

Prenant à cœur les intérêts matériels de la ville, il cherche à agrandir et à embellir divers quartiers de Marseille. Ainsi, nous le voyons, au mois de juin 1744, s'occuper activement de l'ouverture de la rue d'Albertas, et dans le mois d'octobre de cette même année on le trouve se livrant, avec cette ardeur qu'il déployait en toute occasion, à l'étude de l'*avenue projetée hors de la porte de Rome.*

La création de cette voie, la plus longue et la plus large de la ville, connue aujourd'hui sous le nom de *rue de Rome*, après avoir été longtemps appelée *grand chemin* de Rome, n'est pas aussi contemporaine qu'on le croit généralement, et il est juste de faire remonter à ses premiers auteurs les félicitations qu'ils méritent.

Si je m'en rapporte à un manuscrit assez détaillé trouvé dans les papiers de George Roux, celui-ci, pendant la durée de son échevinat, se serait également occupé d'organiser la garde de la ville d'une façon complète.

D'après le projet, cette garde municipale aurait été composée de 80 hommes divisés en quatre compagnies, et c'est à elle qu'eût été dévolue la surveillance de certains quartiers, savoir : les portes d'Aix et de Rome, la salle de spectacle, la Cannebière *où se vendent les légumes et les fruits*, et le quartier du *Panier* où résident les *filles de joye.*

Rien ne prouve qu'on ait donné suite à cette idée.

Rentré dans la vie privée, George Roux continue à se livrer aux travaux du commerce. Sa fortune grandit toujours et à sa suite se multiplient les distinctions honorifiques.

On voit « dans les lettres d'honneur délivrées en faveur du sieur Louis Borely, ci-devant Conseiller, Secrétaire du roi, maison Couronne de France, en la chancellerie établie près la Cour des Comptes, que le 3 septembre 1745, sur la résignation de Louis Borely, le sieur George de Roux fut reçu en son lieu et place. »

Arrivé au plus haut point de fortune qu'un particulier puisse atteindre, George Roux semble renoncer tout-à-coup au commerce, pour concentrer dans l'industrie et l'agriculture la même activité qu'il avait déployée dans le négoce et dans la colonisation de la Martinique.

Ce n'est point le côté le moins curieux à étudier chez cet étonnant personnage.

III

A sept lieues environ d'Aix, dans la viguerie de Barjols, existait un petit village nommé *Brue*, que l'on trouve mentionné plusieurs fois dans le cartulaire de Saint-Victor, sous le nom de ***Ecclesia Beatæ Mariæ de Brusâ*** et dont la paroisse était alors desservie par un curé à la nomination des chanoines comtes de Saint-Victor-les-Marseille en leur qualité de prieurs décimateurs.

Alphonse II, comte de Provence, en avait fait donation, le 7 juillet 1200, à Bertrand Cornut, parent de Bernard Cornut, évêque de Fréjus, qui assista à cette donation dont l'acte fut passé à Forcalquier. Les habitants de Barjols prirent la terre de Brue en entier, à bail, de la maison de Barras dans le XIIIme siècle.

A ces indications purement historiques, que j'ai puisées

dans Achard (1), je dois joindre les renseignements et le résultat des recherches que j'ai été amené à recueillir moi-même, avant de dire que George Roux devint acquéreur de cette terre de Brue et de ses dépendances (2).

La chapelle de Notre-Dame-de-l'Assomption, *Ecclesia B. Mariæ*, qui se trouva englobée dans la vente, se trouve à 1150 mètres environ du village, sur une colline que l'on aperçoit à droite et à peu de distance de la grande route, quand on arrive au village, du côté de Saint-Maximin.

Ce vieux sanctuaire mérite un coup d'œil de la part de l'archéologue. Il est de construction romane, et au premier abord on le reconnaît pour être du XIIme ou XIIIme siècle. Sauf le clocher qui a été refait, la façade est intacte. Au-dessus de la porte à plein cintre court le cordon traditionnel, cachet de l'époque.

Le fond de la chapelle est carré, ce qui fait que je n'ose employer l'expression d'abside pour désigner ce qu'on appelle vulgairement le chœur ou chevet. Une triple baie à plein cintre, dont la centrale est soutenue par des colonnettes, laisse pénétrer le jour dans le petit édifice sur lequel s'appuyent, d'un côté, deux contreforts aux proportions exagérées. Cette défectuosité peut s'expliquer par la déclivité du terrain. Au pied de ces contreforts, entouré de murs assez élevés, est l'ancien cimetière de la paroisse, cimetière qu'ont envahi de grands pins dont les racines pénètreront bientôt sous les fondations du modeste monument.

Du côté opposé aux contreforts on voit les ruines d'une

(1) *Dictionnaire de la Provence.*

(2) Il est de mon devoir de déclarer que, sur la recommandation de M. Niel, maire de Varages, j'ai trouvé dans la personne de M. Barbaroux, homme d'affaires de Mme Clapier, à Brue, un cicerone aussi complaisant qu'instruit. M. Barbaroux est un beau vieillard de près de 80 ans, aux souvenirs sûrs et aux jarrets solides.

petite ferme et de l'ancien presbytère, constructions plus ou moins récentes, sans cachet et sans caractère.

Ce ne sera pas m'écarter de mon sujet que de dire aussi quelques mots de l'ancien château de Brue, dont George Roux devint également propriétaire.

Situé à deux kilomètres de Brue, sur la route qui relie ce village au bourg de Barjols, au sommet d'une colline fort abrupte, mais envahie par une végétation vigoureuse, l'ancien château a bien l'aspect imposant des antiques demeures féodales. Ce sont des ruines, mais des ruines solides qui dureront des siècles encore, tant les murs en sont épais et les voûtes puissamment attachées aux murs. Les arceaux sont à plein cintre et les tours carrées, mais l'ornementation est nulle, ce qui rend plus grande la difficulté de préciser la date de sa fondation. La chapelle, quoique détruite en partie, est très reconnaissable, mais rien ne fait soupçonner qu'on ait eu l'idée d'y introduire l'architecture ogivale.

Aujourd'hui ces ruines portent le nom de *Castelas*, et l'aspect formidable des remparts ne tend pas à lui faire perdre cette désignation caractéristique.

Quant à la terre de *Pavillon*, dont le nom figure dans les titres seigneuriaux de George Roux, je n'ai rien à en dire. Il me suffira de mentionner qu'elle est à cinq kilomètres de Brue, sur la route de Barjols.

George Roux acheta donc, le 5 avril 1746, les terres de Brue et de Pavillon, et peu de jours après il obtenait du roi des lettres-patentes lui accordant le don du droit de *prélation*. Ces lettres sont ainsi conçues :

« Louis, par la grâce de Dieu, roi de France et de Navarre, comte de Provence, Forcalquier et terres adjacentes, à nos amis et féaux conseillers les gens tenant notre Chambre des comptes, aydes et finances à Aix, présidents et trésoriers-généraux de France, au bureau de nos finances établi audit lieu et à tous autres nos officiers et justiciers qu'il appartiendra, salut. Voulant gratifier et traiter favorablement le sieur George Roux, l'un de nos secrétaires maison couronne de France, près notre Cour des comptes, aydes et finances d'Aix, nous lui avons fait et faisons don par ces présentes signées de notre main du droit de prélation qui nous est dû et échu à cause de l'acquisition qu'il a faite des places, terres et seigneurie de Brues, apartenances, dépendances et accointances, en partie nobles et partie roturières, situées en notre pays de Provence, viguerie de Barjols, diocèse d'Aix et relevante de nous à cause de notre comté de Provence, ainsi qu'il paraît par le contrat du cinquième avril de la présente année mille sept cent quarante-six, cy attaché sous le contre-scel de notre chancellerie, subrogeant ledit sieur de Roux en notre lieu et place pour la jouissance dudit droit, à condition toutefois de nous rendre les foy et homages qui nous sont dus par raison de ladite terre dans trois mois du jour de la date des présentes et de nous en fournir aveu et dénombrement dans les délais ordinaires et accoutumés, à peine de nullité des présentes, lesquelles nous vous mandons d'enregistrer et de leur contenu faire jouir et user le sieur de Roux pleinement et paisiblement, cessant et faisant cesser tous troubles et empêchements contraires, car tel est notre plaisir.

« Donné à Versailles, le 29me jour du mois d'avril, l'an de grâce 1746 et de notre règne le 31me. *Signé* LOUIS, et plus bas : Par le Roi, Comte de Provence, *signé* PHELIPEAUX (1). »

Il fallut plusieurs années à George Roux pour changer la face de cette terre qui était, quand il l'acheta, dit un mémoire, inhabitée et presque sans culture. Suivons-le dans ces travaux, et transcrivons tout d'abord un docu-

(1) Archives de la Préfecture des Bouches-du-Rhône.

ment qui nous fixera sur le moment où il commença la construction du village :

« Aujourd'hui sixième du mois d'août 1750, à cinq heures du matin, j'ay béni la première pierre du village de cette paroisse que messire George de Roux, chevalier des ordres du Roy, seigneur et marquis de Brues, a pausé, accompagné de madame son épouse et de demoiselle Marie-Désirée-Marseille sa fille; et moy assisté de messire Jean-Baptiste Moutton, prêtre, et de M. Louis Moutton, son père, de la ville de Brignolle, qui ont signé à l'original par moi, Marcot, curé (1). »

Ainsi qu'on l'a déjà remarqué, sans doute, George Roux est désigné dans cet acte avec son titre de marquis. Il l'était en effet depuis peu de temps. Je suis donc forcé de mentionner les lettres-patentes qui érigèrent la terre de Brue en marquisat. Mais cette pièce est trop importante pour que je ne la transcrive pas en entier ; toutefois, pour en éviter les redites, j'en retrancherai les lignes rappelant les faits de la colonisation de la Martinique, de la défense de Marseille et de l'hospitalité offerte à la duchesse de Parme, ces lignes étant déjà citées ailleurs.

« Louis, par la grâce de Dieu, Roy de France et de Navarre, Comte de Provence, Forcalquier et terres adjacentes, à tous présents et à venir, salut. Les Roys, nos prédécesseurs, ont toujours regardé comme l'objet le plus digne de leur attention et le plus essentiel au bien public de récompenser le mérite et la vertu de ceux de leurs sujets qui se sont distingués par leurs talents et dont les services ont été utiles au commerce ou à l'Etat. C'est en suivant un tel exemple, que nous sommes résolu de marquer à notre cher et bien-aimé George de Roux, notre secrétaire près notre Cour des Comptes, Aydes et Finances de notre pays

(1) Archives de la commune de Brue-Auriac.

de Provence et chevalier de notre ordre de Saint-Michel, l'estime singulière que nous faisons de sa personne et de ses services.......... ....

Tant et de si importants services, dans tous les genres, joins à l'ancienneté de sa famille, originaire de Naples, ne pouvant être récompensés que par des titres d'honneur qui en perpétuent la mémoire et animent nos sujets à la vertu et les attachent à notre service, nous voulons accorder l'un de ces titres audit sieur George de Roux, et pour cet effet nous avons résolu d'élever en dignité de marquisat la terre et seigneurie de Brue, situées en notredit pays de Provence, viguerie de Barjols, diocèse d'Aix, que possède ledit sieur Georges Roux. A ces causes, et de notre grâce spéciale, pleine puissance et autorité royale, nous avons créé, érigé et élevé, et par ces présentes signées de notre main, créons, érigeons et élevons en titre, nom, prééminence et dignité de marquisat, sous la dénomination de marquisat de Brue, ladite terre de Brue que tient et possède ledit sieur George de Roux en plein fief mouvant de nous, pour être ladite terre et seigneurie à l'avenir tenue et possédée auxdits nom, titre et dignité de marquisat de Brue par ledit sieur George de Roux et ses enfants, postérité et descendants mâles nés ou à naître en légitime mariage, seigneurs de ladite terre et marquisat, voulons et nous plait qu'ils puissent se dire, nommer et qualifier marquis de Brue en tous actes tant en jugement que dehors et qu'ils jouissent des mêmes honneur, armes, blasons, droits, prérogatives, autorité, prééminence en fait de guerre, assemblées d'Etat et de noblesse et autres avantages et priviléges dont jouissent ou doivent jouir les autres marquis de notre royaume et nommément ceux du pays et comté de Provence, encore qu'ils ne soient cy particulièrement exprimés, que tous vassaux, arrière-vassaux, justiciables et autres tenants noblement et en roture des biens mouvants et dépendants dudit marquisat de Brue les reconnaissent pour marquis, qu'ils fassent les foi et hommages, fournissent leurs aveux, déclarations et dénombrements, le cas échéant, sous lesdits nom, titre et qualité de marquis de Brue et que les officiers exerçant la justice dudit marquisat intitulent à l'avenir leurs sentences et tous actes et jugements auxdits noms, titre et qualité de marquis, sans toutefois aucun changement ni mutation de ressort et de mouvance, augmentation de justice et connaissance des cas royaux qui appartiennent à nos baillifs et sans que pour raison de la présente érection dudit sieur de Roux, ses enfants et descendants soient tenus envers nous et leurs vassaux et tenanciers envers eux à autres et plus grands droits et devoirs que ceux dont ils sont actuellement tenus ni qu'au défaut d'hoirs mâles nés en légitime mariage, nous puissions ou les rois nos successeurs prétendre ladite terre et marquisat, leurs circonstances ou dépendances être réunies à notre couronne; nonobstant tous édits, déclarations, ordonnances et règlements sur ce intervenus et notamment l'édit du mois de juillet 1566 auxquels nous avons dérogé et dérogeons par ces présentes, pour ce regard seulement et sans rien innover aux droits et devoirs qui pourraient être dus à d'autres que nous, si aucuns y a, à la charge toutefois par ledit sieur de Roux, marquis de Brue, ses enfants et descendants, seignenrs de ladite terre, de relever de nous comme par le passé en une seule foy et hommage et de nous payer et aux rois nos successeurs les droits ordinaires et accoutumés si aucuns sont dus, pour raison de ladite dignité de marquisat tant que ladite terre s'en trouvera décorée et qu'au défaut d'hoirs mâles ladite terre et seigneurie retournera au même et semblable état et titre qu'elle était avant les présentes. Sy donnons en mandement à nos amés et féaux conseillers les gens tenant notre cour de Parlement et celle des Comptes,

Aydes et Finances à Aix, présidents, trésoriers de France et généraux de nos finances audit lieu et à tous autres nos officiers et justiciers qu'il appartiendra que ces présentes ils aient à faire enregistrer et du contenu en icelle jouir et user ledit sieur de Roux et ses enfants mâles pleinement, paisiblement et perpétuellement, cessant et faisant cesser tous troubles et empêchements et nonobstant tous édits, déclarations, ordonnances, arrêts et règlements à ceux contraires auxquels et aux derrogatoires des derrogatoires y contenus nous avons derrogé et derrogeons par ces présentes pour ce regard seulement et sans en tirer à conséquence, sauf toutefois notre droit et autres choses et l'autruy en tout. Car tel est notre plaisir et afin que ce soit chose ferme et stable à toujours, nous avons fait mettre notre scel aux présentes. Donné à Versailles au mois de février l'an de grâce mil sept cent cinquante et de notre règne le trente-cinquième. Signé Louis, et plus bas : Par le Roi, Comte de Provence, signé Phelypeaux, et à côté visa signé Daguesseau, pour érection en marquisat de la seigneurie de Brue à Jean-François de Roux (1). »

Scellées du grand sceau de cire verte (2).

Voilà donc George Roux seigneur et marquis; mais sa terre est presque en friche et inhabitée; voyons ce qu'il va en faire.

La première pierre du village est à peine posée que les murailles sortent de terre comme par enchantement; quatre îles de maisons vastes et élevées de plusieurs étages forment plusieurs rues tirées au cordeau ; mais, habitué aux grandes choses, le nouveau seigneur veut que le

(1) Les ministres se trompaient, paraît-il, aussi bien sous Louis XV que sous... Charles X. D'Aguesseau a confondu Jean-François Roux avec George Roux. Si les ministres n'en faisaient pas d'autres !

(2) Archives de la préfecture des Bouches-du-Rhône, registre Fontenoy, folios 180 et 181.

village prenne un aspect monumental et, à cet effet, il donne à la rue principale une largeur considérable et y plante deux rangées d'ormeaux.

En souvenir peut-être des seigneurs du moyen-âge, auxquels était dévolu le droit d'avoir un pigeonnier, George Roux voulut posséder le sien, mais non point un pigeonnier dans le genre de celui qu'on voit au Castellas et où l'on compte une trentaine de nids au plus, mais un pigeonnier large, spacieux, gigantesque en un mot, qui n'eût pas de rival dans le pays.

Il construisit donc à peu de distance de son château une tour dont les murs avaient près de deux mètres d'épaisseur, trois étages et une quantité prodigieuse de compartiments. Ce fut un véritable monument et l'effet en fut tel que l'aubergiste de Brue put accrocher au-dessus de sa porte un double écusson portant, l'un : *Au grand Saint-George*, et l'autre : *Au pigeonnier sans pareil*. Sans pareil est bien le mot, car les nids furent superposés et alignés de telle façon qu'on en comptait *huit mille cent*. Un système de charpente intérieure permettait au maître fauconnier d'aller d'une case à l'autre et de les visiter avec facilité.

Il va sans dire que George Roux sut bâtir pour son propre compte une demeure confortable. Espérant que son château resterait longtemps dans sa famille, bien qu'il n'eût qu'une fille, il choisit un emplacement convenable non seulement comme étendue, mais encore comme situation. Les nouvelles constructions dominèrent le village, et l'avenue qui conduisit au château, en s'ouvrant en face de sa grille et à laquelle on avait donné le nom de *Cours*, fut cette rue plantée d'arbres dont j'ai parlé tout à l'heure.

On accédait à la porte d'honneur de la demeure seigneuriale par un vaste perron au-devant duquel se trouvaient des bassins qu'alimentaient plusieurs jets d'eau, et quatre tours formaient les angles des bâtiments. C'était bien, comme on le voit, dans les goûts de l'époque, car l'on trouve sur plusieurs points de la Provence des châteaux construits sur des modèles analogues.

Bientôt des familles entières viennent s'établir à Brue et des manufactures de plus d'un genre fonctionnent avec activité. Mais les fabriques de soie furent les plus nombreuses et réussirent admirablement. Pendant ce temps, des défrichements considérables étaient entrepris autour du village et des plantations nombreuses changeaient complètement l'aspect de ces vastes terres. Brue devint enfin un centre industriel et agricole et l'on accourut s'y fixer de toute part. C'était en petit les commencements de Rome, sauf les bandits et les ravisseurs de femmes.

Au bout du compte, tout cela ne se fit pas sans frais et George Roux lui-même convint plus tard que Brue lui avait coûté quatre millions; mais, fidèle narrateur, je dois avouer que si les sommes dépensées atteignirent un chiffre si élevé, c'est qu'il y eut de la part des agents chargés de surveiller la main-d'œuvre des négligences coupables. Au lieu de suivre les ouvriers et de s'assurer qu'ils remplissaient convenablement leur tâche, ils laissèrent s'introduire des abus dont la caisse du nouveau seigneur dut singulièrement ressentir les effets.

Tout le monde à Brue sait la façon dont les choses se passaient. Les conducteurs des travaux allaient mener, pendant cinq ou six jours de la semaine, joyeuse vie à Saint-Maximin, à Aix ou à Brignoles, et quand le samedi arrivait, ils se rendaient à Brue pour payer aux paysans ou aux maçons le montant de leurs journées.

Or, les ouvriers qui, cinq jours sur six, n'avaient rien fait, ne manquaient pas l'heure de la paye, et bien qu'ils n'eussent guère agi en conscience, ils touchaient sans scrupule le total de la semaine. C'est ainsi que furent gaspillées des centaines de mille francs, sans profit pour George Roux, qui, honnête homme, croyait n'avoir affaire qu'à de braves gens.

On a bien su le lui reprocher plus tard :

« Il n'y avait à Brue, dit un mémoire publié contre George Roux, que des ouvriers, des fabricants. Les habitants n'y étaient pas propriétaires. L'établissement était factice. Il n'était vivifié que par le commerce du marquis. Quatre millions de dépenses avaient à peine suffi pour jeter les fondements d'un établissement singulier que des dépenses continues pouvaient seules soutenir. »

Quoi qu'il en soit, les travaux continuèrent pendant de longues années et il est difficile de préciser l'époque à laquelle ils furent terminés. S'il faut cependant se fier à une inscription, j'indique la date de 1765 comme décisive. Cette date se trouve, en effet, gravée au bas du cadran solaire que l'on voit encore aujourd'hui sur l'île de maisons en tête de laquelle on voit l'ancienne chapelle dont je parlerai bientôt.

C'est au moment de la prospérité de Brue que se montra toute l'originalité de Georges Roux ; il organisa si bien les relations entre les habitants du village et ceux des environs, que *l'échange de la monnaie leur fut interdit*. Vingt-cinq ans plus tard on lui fit un crime de cette innovation, mais alors personne ne songea à s'en plaindre ; il fallut un ennemi acharné pour se récrier contre cette idée qui avait contribué puissamment au contraire au succès de son entreprise.

« Des secours assurés dans la maladie, une protection douce, une subsistance facile, un travail proportionné, répondait George Roux, la liberté, le plus grand bien des hommes, des biens dont avant n'avaient pas même l'idée des gens dévoués par la naissance à la misère, voilà ce que la terre de Brue offrait à *des esclaves*.

« L'usage de la monnaie était même interdit aux habitants de Brue.

« M. Verdilhon croit avoir dit un grand mot ! Mange-t-on le cuivre, l'or et l'argent ? Et s'ils avaient tous les biens que la monnaie procure, qu'avaient-ils besoin de la monnaie ? Elle n'aurait servi qu'à les surcharger d'un poids inutile et dangereux. »

Je ne comprends pas que M. Augustin Fabre ait pu écrire, à propos de ce paragraphe (1), les réflexions que voici :

« On reste confondu devant ces lignes étonnantes. Des rêves philosophiques, de pures utopies peuvent donc se loger dans la même tête à côté des conceptions les plus nettes et les plus positives. Mais Roux de Corse était ainsi fait. L'esprit d'aventure s'alliait, à trop forte dose, à ses qualités supérieures et les gâtait nécessairement. Il fut, à tout prendre, un grand caractère plutôt qu'une grande intelligence. »

M. Augustin Fabre, au lieu de blâmer George Roux de cette idée de *monnaie de cuir*, aurait dû le féliciter du moyen qu'il avait trouvé de conserver en mains ses capitaux. Ses monnaies de cuir étaient tout simplement des *bons valables au porteur* que les fournisseurs et les marchands recevaient en échange de leurs marchandises et qu'à certaines époques ils rapportaient au comptoir de George Roux, qui les reprenait contre leur valeur en argent.

M. Augustin Fabre aura à se reprocher d'avoir cherché à amoindrir la grande figure du marquis de Brue (2) et je doute que, malgré les nombreuses pièces curieuses et inédites qu'il possède, il lui soit facile de prouver ce qu'il avance dans la phrase que je vais citer de lui :

(1) *Les Rues de Marseille*, tome IV.
(2) Ceci a été écrit du vivant de M. Augustin Fabre.

« Tout était singulier chez Roux de Corse. Étranger à toute culture littéraire, il ne tint *que de la nature et de l'observation* ses facultés merveilleuses. »

Mais en supposant que le seigneur de Brue ne possédât pas l'instruction dont le moindre collégien peut aujourd'hui faire montre, il faut convenir qu'il connaissait singulièrement les hommes. Il savait bien, par exemple, que les populations rurales s'attachent aux clochers qui les ont vues naîtres ou qui ont abrité leurs enfants. Aussi fit-il à Notre-Dame les réparations indispensables avant de construire son église. Il savait aussi qu'un homme opulent doit pratiquer l'hospitalité. Pendant que les seigneurs et les riches propriétaires du voisinage trouvaient chez lui table ouverte, les pauvres et même les paysans étaient assurés d'avance de ne pas trop souffrir de la faim, pendant leur séjour à Brue, l'affluence des étrangers eût-elle été plus considérable. Le jour de la fête patronale, à la sortie de la messe, tous les étrangers indistinctement recevaient un pain qu'ils étaient libres ensuite de donner aux indigents.

Les faits isolés ne manqueraient pas pour prouver la générosité de George Roux. Entre autres anecdotes, en voici une que raconte M. Augustin Fabre :

« Roux de Corse, dans son château de Brue, fit appeler un médecin de l'une des petites villes des environs. Celui-ci, après avoir été détroussé en route par des voleurs, se présenta tout ému devant Roux auquel il raconta sa malheureuse aventure. — Rassurez-vous, dit le grand armateur, c'est justice de vous indemniser. Voyons, que vous a-t-on pris? — Ma montre et ma bourse. — Que valait votre montre? Le médecin en indique le prix que Roux de Corse note aussitôt. — Et la bourse, que contenait-elle? — La somme de... Et Roux de noter encore ce chiffre. Puis, s'adressant au disciple d'Esculape en langue provençale, dont il usait assez souvent : — *Et per la poou... que metten?* —L'autre, tout étonné, ne répond que par un sourire et Roux de Corse accorde, pour la peur, une troisième somme assez ronde. »

Si George Roux est généreux, il n'est pas moins ami des arts. Voyons ce que dit Achard (1), témoin oculaire des embellissements que reçoit la nouvelle paroisse :

« L'église du village est décorée de plusieurs tableaux représentant l'histoire de saint George, patron de M. le marquis de Roux. Ils ont été peints par M. Moulineuf, secrétaire perpétuel de l'Académie de peinture, sculpture et architecture civile et navale de Marseille. Ces tableaux sont d'un bel effet, simples, noblement composés et d'un coloris agréable. »

On croirait, en lisant ce que je viens d'écrire, qu'ayant atteint le but d'une ambition qu'il n'est guère possible de trouver exagérée, le marquis va se retirer du commerce pour jouir au milieu de ses terres d'une fortune si noblement acquise. Mais il n'en est rien. Non-seulement George Roux ne songe pas à quitter son comptoir et à laisser à d'autres le soin de poursuivre les navires anglais, à les capturer et à s'enrichir encore dans cette guerre de corsaires que les mœurs de l'époque autorisaient complètement, mais il donne de nouveaux ordres, il excite ses compatriotes, il fait des commandes à tous les constructeurs et occupe tous les bras disponibles pour armer les navires et construire une nouvelle flotte. Et quand tout est prêt, il raccole des matelots, confie le commandement de ses corsaires à des capitaines expérimentés et lance son escadrille à la poursuite des vaisseaux anglais.

Cela paraît étrange, mais trop de preuves sont là pour attester que George Roux devint une puissance avec la-

(1) *Dictionnaire de la Provence.*

quelle les ennemis de la France durent compter, et le redoutable armateur agit bien comme agissent les puissances, puisque le 26 juin 1756, ne s'appuyant que sur ses propres forces, il envoie au roi d'Angleterre cette célèbre déclaration de guerre qui dépeint l'homme tout entier et qui commence par ces mots devenus légendaires : *George Roux à George Roi.*

C'est ce même jour qu'il fit au greffe de l'amirauté de Marseille la déclaration exigée en pareil cas et qu'il déclarait armer ses navires en course pour tirer raison des insultes des Anglais et de leurs pirateries (1). Il fit aussi afficher des placards par lesquels il déclarait renoncer, en faveur des équipages et des officiers, à toutes ses parts de prises.

Il va sans dire que tous ces armements vraiment extraordinaires coûtèrent fort cher à George Roux, et que pour avoir immédiatement les huit millions de francs dont il eut besoin, il dut recourir à l'office de Pierre Verdilhon, courtier et banquier, à Lyon et à Marseille. Nous verrons plus loin ce qu'il advint de cet emprunt exagéré. Quant à ses armements, voici ce qu'on écrivait de Marseille, le 31 mai 1757, au *Courrier*, journal périodique publié à Avignon (1) :

« Marseille qui dans toutes les guerres que la France a eues sur mer, s'est toujours distinguée, et par sa promptitude à armer et par le nombre de ses armateurs, s'est surpassée elle-même dans celle-ci. Jamais on ne vit tant d'armateurs sortir de notre port pour aller en course contre les ennemis de la couronne.

« M. le marquis de Roux qui a toujours eu lui seul ***quatre*** vaisseaux vient encore d'armer le ***Télémaque***. et ce

(1) Extrait du greffe de l'Amirauté de Marseille, veuve J.-P. Brébion.

(2) 7 juin 1757, page 184.

bâtiment, commandé par le capitaine Félix de Contrepont, capitaine de brûlot, est parti d'ici le 23. Ce vaisseau monté de 20 pièces de canons, a 300 hommes d'équipage et des vivres pour six mois. Cet armateur a déjà pris lui seul *seize* bâtiments aux ennemis. »

George Roux avait du reste un excellent système pour augmenter sa flotte. Dès qu'un navire ennemi était pris, il le faisait armer en guerre et c'est ainsi, dit Julliany (1), qu'il eut dans peu de temps 17 vaisseaux à opposer aux ennemis.

Mais l'exagération de la vertu est un défaut, et je suis bien forcé de convenir que l'excès de courage que montra George Roux devint de la témérité. Il est vrai que la fortune s'obstinait à lui être favorable.

« Chaque jour, dit Millin (2), il paraissait mettre sa fortune en péril et chaque jour ses imprudences étaient suivies des succès les plus inattendus. Jamais il ne faisait assurer les plus petites tartanes auxquelles il confiait des chargements de 100,000 écus, et il semblait que ses vaisseaux dussent dompter toutes les tempêtes et braver tous les corsaires. Deux fois il paria qu'un navire qu'il attendait de la Martinique arriverait à un jour et à une heure qu'il avait fixés, deux fois il gagna sa gageure. »

« Un autre jour, dit Guys(3), un de ses amis l'arrêta pour lui dire : «On ne parle que d'une tartane arrivée de Chypre avec 100,000 écus de soie pour votre compte et sans assurance. Cela est-il vrai ?

« — Aussi vrai qu'il est vrai que je ne vous dois rien. »

Un jour un de ses employés arrive devant lui, consterné, et lui annonce qu'un convoi de plusieurs navires a été

(1) *Essai sur le commerce de Marseille*, I, 70 et 81.

(2) *Voyage dans les départements du midi de la France*, tome III, page 259.

(3) Marseille ancienne et moderne.

capturé par les Anglais.« — Le *Saint-George* est-il pris ? demanda-t-il. — Sur la réponse négative qu'il reçoit : — « Je suis sauvé », répond-il avec calme.

Mais la fortune commença enfin à lui être défavorable et les Anglais s'emparèrent successivement de 8 de ses vaisseaux richement chargés : *Le Bien-Aimé*, — *le Soleil*, — *l'Aurore*, — *la Cérès*, — *la Thétis*, — *la Marie-Désirée-Marseille*, — *l'Amitié* — et *le Saint-George*. Lorsque Roux vit figurer le nom de ce dernier parmi les vaisseaux pris« — Cette fois, dit-il, je suis perdu ! »

Hélas ! ses prévisions ne se réalisèrent que trop ; c'est à partir de ce moment que le malheur s'acharna à sa poursuite et finit par le dompter. N'empiétons pas toutefois sur les événements. En 1758, George Roux était encore très puissant sur mer et c'est encore en ce moment que nous le voyons s'occuper et de son commerce et des soins qu'exigeait sa terre de Brue.

Voici les lettres-patentes qu'il obtint en faveur du nouveau village :

« Louis, par la grâce de Dieu, roi de France et de Navarre, comte de Provence, Forcalquier et terres adjacentes, à nos amés et féaux conseillers les gens tenant notre cour du parlement de Provence à Aix et à tous autres nos officiers et justiciers qu'il appartiendra, salut. Notre cher et bien-aimé George de Roux, marquis de Brue, chevalier de nos ordres, nous a fait exposer que lorsqu'il a acquis la terre de Brue elle était inhabitée et presque sans culture ; son premier soin fut de chercher à y attirer des habitants. Pour y parvenir, il fit construire grand nombre de maisons qui peu à peu se sont remplies, de sorte qu'aujourd'hui le lieu de Brue devient un village considérable, les plantations et défrichements que le sieur de Brue a faits lui ont attiré une partie de ses habitants, mais ce qui a le plus contribué à peupler la terre ce sont les fabriques de soie qu'il y a établies et dont le succès répond à ses espérances. Comme il est continuellement occupé des moyens de soutenir et même d'augmenter un établissement aussi utile, il a pensé qu'il n'y en avait point un meilleur que celui qui mettrait les habitants de sa terre à portée de se défaire de leurs denrées, de leurs marchandises et ouvrages. Ce qui l'a engagé à nous présenter cette requête à l'effet d'obtenir de nous la permission d'établir audit lieu de Brue trois foires de trois jours chacune par année ; en conséquence nous avons rendu sur sa requête arrêt en notre Conseil d'État, le 3 décembre 1758, par lequel nous avons entre autres choses ordonné que toutes lettres-patentes sur ce nécessaires seront expédiées, lesquelles le sieur exposant nous a très-humblement fait supplier de lui accorder. A ces causes, voulant favoriser les vues dudit sieur de Roux et lui donner des marques de la satisfaction que nous avons du zèle qu'il a toujours fait paraître pour le bien de notre service et celui de l'État, confirmant autant que de besoin notre dit arrêt du 3 mars 1758 cy attaché sous le contre-scel de notre chancellerie, nous avons permis au sieur exposant de notre grâce spéciale, pleine puissance et autorité royale, permettons par ces présentes, signées de notre main, d'établir dans ledit lieu de Brue en Provence trois foires de trois jours chacune, lesquelles commenceront, savoir : la première, le premier lundi du mois de janvier de chaque année ; la seconde, le premier lundi d'après la fête de l'Ascension, et la troisième, le quinze du mois d'aoust. Voulons qu'aux dits jours de foire tous marchands puissent aller, venir, séjourner, vendre, débiter, troquer et échanger toutes sortes de marchandises licites et permises, pourvu toutefois que quatre lieues à la ronde dudit lieu, il n'y ait auxdits jours de foire autres foires auxquelles ces présentes puissent préjudicier et que lesdites foires n'échoient aux jours de dimanches et fêtes solennelles, auquel cas seront remises au lendemain et sans qu'on puisse prétendre aucune exemption et franchise de nos droits. Si vous mandons que ces présentes vous ayez à faire registrer et de leur contenu jouir et user ledit exposant pleinement et paisiblement cessant et faisant cesser tous troubles et empêchements contraires, car tel est notre plaisir. Donné à Versailles le vinq-quatrième jour de février l'an de grâce mil sept cent cinquante-neuf et de notre règne le quarante-quatrième. *Signé :* LOUIS, et plus bas : Par le roi, comte de Provence, *signé :* PHELYPEAUX. — Scellées du grand sceau de cire jaune (1). »

Homme pratique, George Roux veut que personne n'ignore que Brue est ouvert aux marchands de tous pays et il fait répandre à profusion des affiches destinées à faire connaître la faveur qu'il vient d'obtenir. Ce placard ferait rire aujourd'hui par l'exiguité de ses dimensions, tant les affiches que l'on fait maintenant tiennent de place sur nos murs. Mais alors on n'usait que modérément de la typographie et la réclame n'était pas encore inventée.

Arrivé à ce point de fortune, d'honneurs et de crédit, que manquait-il au nouveau marquis pour prendre rang parmi les plus illustres représentants de la noblesse provençale? Une alliance. George Roux était trop habile pour laisser échapper un moyen aussi honorable. Aussi, bien que sa fille eût été recherchée par les plus beaux partis, il l'offrit lui-même, dit un mémoire, au baron de Glandevès. Mais, si je m'en rapporte à ce même document, c'était un sentiment plus noble que celui d'un vain amour-propre qui le guida en cette circonstance. « N'était-ce pas une ambition digne d'un homme qui avait toujours travaillé pour le service de l'État que de rétablir dans son ancien lustre la maison de Glandevès? »

(1) Archives de la Préfecture des Bouches-du-Rhône.

Cette ancienne famille était alors dans une situation assez précaire; George Roux crut la relever complètement; mais oubliant cette fois que la fortune accorde rarement ses faveurs à deux reprises différentes au même individu, il eut tort de s'allier à un homme qui l'entraîna dans sa perte en s'associant à des ennemis personnels.

Nous allons voir dès à présent le marquis de Brue lutter contre l'adversité, et si elle finit par le dompter, nous constaterons du moins que sa victime saura jusqu'au dernier moment faire preuve d'énergie et montrer que l'ingratitude des hommes ne pouvait le décontenancer.

IV

« Peu de temps avant le mariage de sa fille, lit-on dans un des mémoires écrits à propos de son procès(1), le marquis possédait les terres de Brue et de Pavillon qui, suivant l'acte du 12 décembre 1763, étaient affermées 54,000 livres. Dans cette ferme générale n'étaient pas comprises les coupes annuelles du bois taillis, les nouvelles plantations de vignes, d'oliviers et de mûriers. Le produit devait en être porté au moins à 16,000 livres. Il avait encore à Marseille des effets importants qui, joints à son hôtel, augmentaient son revenu de 20,000 livres. Ainsi, indépendamment d'un mobilier considérable, de ses marchandises, de ses vaisseaux, de ses capitaux, il jouissait de 90,000 livres de rente en immeubles.

« Par cinquante ans de travaux autant utiles à l'État qu'à lui-même, lit-on ailleurs, le marquis avait acquitté la dette dont tout citoyen est redevable à la patrie. Qui

(1) *Mémoires et consultations pour servir à l'instruction du procès en instance par devant la Cour*, 1773.

ignore les motifs qui l'engagèrent *encore* dans le commerce ? Le ministre de la marine lui fit envisager l'occasion de rendre à l'État de nouveaux services, *l'invitation fut pour lui la loi du devoir.* »

Ce paragraphe est précis. George Roux, qui avait cessé pendant quelque temps les affaires de son négoce pour concentrer toute son attention sur ses fabriques de Brue, les abandonne à des contre-maîtres expérimentés et vient reprendre à Marseille, en même temps que ses opérations commerciales, la gestion des affaires de la ville. Il est, en effet, nommé troisième échevin le 1er janvier 1764, et le 5 mars il passe, avec l'intendant de la marine de Toulon, un traité à la suite duquel, avec ses propres deniers, il arme trois de ses vaisseaux et transporte aux Antilles et à Cayenne 2,077 Allemands de tout âge et de tout sexe qui avaient demandé au ministre de la marine d'être envoyés dans les colonies françaises. Ce que l'État n'avait pu faire, vu la pénurie du trésor, George Roux l'entreprit et le réalisa heureusement.

C'est encore durant la même année qu'il s'occupa spécialement, et pour la dernière fois, de l'avenue de la porte de Rome. Ce projet, lancé quarante ans auparavant et dont le plan avait été approuvé par arrêt du Conseil, du 29 mai 1725, n'avait pas fait de sensibles progrès en 1764, époque à laquelle George Roux fut premier échevin; mais en 1764 il reprend l'affaire et nous voyons que dans les séances des 31 juillet, 14 septembre et 21 décembre, le Conseil cherche à concilier tous les intérêts. Entre autres propriétaires on voit figurer deux personnes qui ont laissé leurs noms à deux rues importantes : M. de Silvabelle et Mme veuve Perrier.

Le moment fixé par George Roux pour le mariage de sa fille, Marie-Désirée-Marseille, arriva et c'est en l'année 1764 que le baron Raymond de Glandevès, capitaine des vaisseaux du roi, épousa l'unique héritière du négociant armateur. Mais celui-ci était riche encore, car il lui constitua en dot un million, et ce qui prouve bien que nul à Marseille ne doutait de la fortune de George de Roux, c'est qu'on intrigua pour être invité à ces fêtes qui furent splendides d'ailleurs, et que poètes et poètereaux envoyèrent aux heureux époux les madrigaux les plus délicats et les épithalames les plus élogieux.

A la fin de 1765, le roi honora George Roux du titre de conseiller d'État. Il était premier échevin depuis le commencement de l'année. « Ses collègues Clary, Escalon et Remuzat, dit un document authentique, allèrent en grande cérémonie, le 17 décembre, le féliciter au nom de la ville. Ils étaient décorés de leurs chaperons, la livrée municipale les précédait. Les officiers des compagnies de quartier et les principaux négociants formèrent le cortége des échevins. Le marquis reçut dans son hôtel avec des témoignages de sensibilité affectueuse ses collègues de l'Hôtel-de-Ville, les officiers de la milice bourgeoise et les représentants de commerce (1). »

Mais le temps marqué pour les épreuves était arrivé, et ce sont les mémoires dont j'ai déjà parlé plusieurs fois qui nous expliqueront clairement les commencements de ce procès qui vint à bout d'un homme que les guerres et les tempêtes n'avaient pu faire trembler.

« Trois vaisseaux richement chargés périssent. Ses pertes successives sont immenses... Mais il pouvait encore tout ce dont il s'était flatté, s'il n'eût essuyé que des revers. Il est moins un exemple de l'inconstance de la fortune que de la perversité des hommes.

« Les premiers coups lui furent portés à Lyon, par un homme dont les propos n'auraient dû faire aucune im-

(1) *Cérémonial de la ville de Marseille*, tome III, pages 507 et 508.

pression. Vain et jaloux, la manie de cet homme est de se persuader que lui seul a une fortune solide. Il était à Lyon. Interrogé dans une assemblée de négociants sur plusieurs maisons de Marseille qui avaient de la réputation, il n'en est aucune dont, à l'en croire, il ne fût le soutien. Le marquis de Roux lui étant enfin cité comme un négociant à la solvabilité duquel il devait au moins rendre hommage, ce fut la principale victime que la jalousie du censeur immola à sa vanité.

« Le marquis de Roux méprise un détracteur qu'il aurait pu faire punir. Sa retraite est résolue. Sa fortune était encore assez belle pour lui-même et pour son gendre. Ses dettes de commerce sont acquittées très ponctuellement et même à l'avance. Pour faire honneur à ses engagements, il vendit jusqu'aux meubles à l'usage de sa personne et de son épouse, les plus nécessaires. Ce ne fut pas un sacrifice. Il ne doit pas tirer vanité d'avoir agi en honnête homme. Il négligea la ressource qui dans le commerce n'est jamais refusée à la probité malheureuse ; il n'eut pas recours à la bonté et à la justice du roi. Rien ne prouve mieux, dit-on, qu'il se sentait encore fort au-dessus de ses affaires.

« Il dépendait des agents de change, des créanciers et surtout de M. Verdilhon, de lui épargner des pertes et des embarras, et plus M. Verdilhon croyait le sort du marquis de Roux désespéré, plus il avait un intérêt pressant à sauver du naufrage ce qui pouvait l'être. Sa conduite est une énigme.

« Dans le premier moment où le marquis de Roux fut décidé à quitter le commerce, M. Verdilhon qui crut voir son intérêt dans cet arrangement, consentit à mettre sa créance à constitution de rente, mais le marquis ayant dans la suite examiné les comptes de M. Verdilhon avec plus de tranquillité et de sang-froid qu'il n'en avait été capable au moment de sa retraite, dans un temps de trouble et de sollicitude, y aperçut des surexcitations criantes. Il en forma demande au Parlement et refusa de payer à Verdilhon les intérêts à la première échéance. Ce juste refus a été l'occasion et le prétexte des vexations de M. Verdilhon. Il intervint dans le procès entre le marquis de Roux contre le baron de Glandevès. Celui-ci, effrayé de ce qu'il entendait dire aux émissaires de Verdilhon sur la fortune de son beau-père, craignit de ne pas trouver le million qui avait été constitué en dot à sa femme, prétendant que les effets qui lui avaient été assignés ne remplissaient pas cette somme, il en demanda le complément. Le marquis de Roux qui savait qu'il avait plus de trois millions à transmettre à sa fille, rejeta la prétention de son gendre comme déplacée. Ils entrèrent en procès et le marquis de Roux fut condamné, par un jugement de la Chambre des requêtes, à indiquer des fonds pour le complément du million promis. »

Si des complications nouvelles n'étaient pas survenues, George Roux fût sorti de cette position critique; mais Verdilhon est bien décidé à n'accorder ni trève ni merci.

« M. Verdilhon se met en devoir de réduire le marquis de Roux à l'impuissance de payer même les pensions.

« Le marquis de Roux n'ayant pas payé la première année des intérêts du capital de 300,000 livres, Me Verdilhon prend des lettres de clameur et fait saisir les fonds et fruits d'une grande partie de ce que le marquis de Roux possède à Marseille.

« Le marquis de Roux devait, pour les intérêts échus, 10,680 livres. Il pouvait pour sa plus grande assurance faire saisir les loyers de deux maisons qu'il possède à Marseille affermées 3,300 livres, des soies, des denrées en nature et 100,000 livres de vaisselle engagée au Mont-de-piété. Mais Verdilhon voulait le réduire à l'impuissance de payer et il surprend de la religion de la Chambre un décret qui lui permet de faire des saisies sur les biens de son débiteur, et la nouvelle saisie est permise parce que le tribunal ignore que Me Verdilhon a déjà des sûretés suffisantes dans de précédentes saisies. »

Ceci, comme on le voit, n'est qu'un procès, mais les phases en sont curieuses et peuvent être méditées avec fruit dans une ville comme la nôtre. Voyons-en les premières conséquences :

« Ce décret en main, Me Verdilhon porte la dévastation dans les terres de Brue et de Pavillon. Tout est en proie aux exécutions : les fruits et les rentes des terres et des fabriques, les bêtes même de somme sont saisies, et pour comble d'oppression on saisit le fonds des terres. Pour 10,080 livres, Me Verdilhon, ayant déjà saisi 110,000 livres de rente, saisit encore 68,000 livres en rente et deux millions en fonds. »

Singulière époque et lois plus singulières encore qui mettent un homme à même d'en ruiner un autre si vite et si complètement !

La population de Marseille s'émeut; un cri unanime retentit; les négociants qui ont admiré Georges dans sa splendeur, lui tendent la main pour le soutenir dans sa chute. La Chambre de commerce se réunit et dans l'espoir d'éclairer l'opinion des juges et des hauts personnages qui administrent la Provence, elle rédige, le 4 août 1769, et adresse au duc de Praslin, ministre de la marine, une lettre touchante qui témoigne bien des sympathies qu'éprouve le commerce de Marseille pour la personne du marquis.

Voici un extrait de cette lettre :

« Marseille se glorifiera toujours d'avoir été le théâtre des exploits de M. le marquis de Roux dans le commerce. Il les a poussés aussi loin qu'on puisse l'attendre du zèle patriotique d'aucun négociant. C'est dans cette ville où la réputation qu'il a si bien méritée dans toute l'Europe s'est formée, où la fécondité de son génie et l'étendue de ses idées se sont développées, où la grandeur de ses projets a éclaté... Ses expéditions dans l'espace de quarante-cinq ans ont donné l'âme et le mouvement à Marseille et surtout lorsque la guerre qui fermait les ports du royaume suspendait presque toutes ses opérations et semblait ne laisser de liberté qu'à ses seules entreprises. Ouvriers en tout genre qu'il a fait subsister, constructions, armements, denrées dont il a procuré la consommation ; il serait très-difficile, Monseigneur, de récapituler et d'apprécier les biens qu'il a faits à cette ville. Si M. le marquis de Roux avait trouvé dans le commerce le juste salaire de son travail, il avait eu souvent le bonheur d'employer efficacement ses richesses et les ressources de son esprit pour l'avantage de l'État. On l'a vu toujours entreprenant, toujours zélé, toujours fidèle à son prince, aplanir les difficultés, vaincre tous les obstacles pour servir le roi et l'État. Un homme aussi rare dans son espèce, un citoyen aussi recommandable ne pouvait être que dans la plus haute considération. Mais tout a ses bornes dans ce monde et la fortune inconstante et perfide ne réserve souvent que des rigueurs aux personnes qu'elle a le plus favorisées de ses bienfaits. S'il est possible que M. de Roux en fasse l'expérience, il nous découvre bien avantageusement la beauté de son âme par sa patience et sa tranquillité, et toujours dirigé par des principes d'honneur et de justice, il s'exécute, il se dépouille de tout pour satisfaire exactement et entièrement ses créanciers... Pourrions-nous éviter, dans une circonstance aussi intéressante, de lui donner des marques de notre reconnaissance et de notre attachement ? Quelqu'un qui a aussi bien mérité de la patrie et de l'État que M. le marquis de Roux excite nécessairement l'intérêt le plus vif et le plus pressant. »

Malheureusement George Roux n'avait plus affaire à des négociants et à des banquiers ; s'il était venu à bout des nègres et des Anglais, il ne devait pas échapper aux coups des procureurs et des huissiers.

Voyez comme les choses vont vite entre les mains des gens de loi. Nous sommes au mois de novembre 1772.

« Les fermiers ont abandonné les fermes, les fabricants leurs fabriques, des banqueroutes emportent 120,000 livres. C'est le moindre mal. Le mal irréparable est la désolation des habitants... Ils prennent l'alarme, ils n'ont plus rien à espérer d'un homme qu'ils croient ruiné ; ils vont chercher ailleurs une subsistance que la terre de Brue ne leur offre plus. La terre est d'ailleurs dépourvue des capitaux de labour, ils ont été saisis et le marquis de Roux n'est point en état d'en fournir de nouveaux. Cette terre, qui produisait 70,000 livres de rente, en produit à peine aujourd'hui 8,600. M. de Roux avait encore après sa retraite une fortune digne d'envie, il ne tient pas à M. Verdilhon qu'il ne soit un objet de pitié. Sa ruine est projetée et même consommée, parce que M. Verdilhon veut acheter à bas prix ses dépouilles. »

Voilà le fin mot : ce courtier veut acheter la seigneurie de Brue à vil prix. On pourrait admettre ce désir s'il n'était odieux, surtout chez un homme qui devait de la reconnaissance à George Roux.

« M. Verdilhon a poursuivi méchamment la ruine d'*un homme qui l'a fait tout ce qu'il est.* Il insulte à un citoyen généreux que le roi et la nation ont honoré. Par suite de dévastations, ce citoyen jouit à peine d'un pain et d'un asile. Verdilhon est fâché qu'il ait, à 70 ans, un autre asile qu'une prison. »

De son côté, Mᵉ Verdilhon répondait :

« A entendre l'adversaire, il n'est personne qui ne crût que les terres de Brue et de Pavillon sont sous l'anathème; que les capitaux de labour ont été perdus pour le cultivateur et pour le propriétaire; que le débiteur a été dépouillé de tout sans le savoir et sans pouvoir se défendre; en un mot, que tout a été cruellement dévasté par un créancier barbare et inhumain. Eh bien! que la Cour et le public se rassurent : il n'en est rien. Les capitaux de labour sont encore dans les terres de Brue et de Pavillon. Le cultivateur n'a perdu aucune de ses ressources. Le propriétaire n'est point dépouillé, le fermier continue son exploitation (1). »

Les citations que j'ai produites sont peut-être un peu longues, mais elles m'ont paru nécessaires pour faire l'historique de ce procès. Je regrette de ne pouvoir dire quel en fut le résultat; il est probable qu'il durait encore au moment où la Révolution éclata. Toutefois, je ne saurais l'affirmer; mais ce qui est certain, c'est que déjà avant 1789 « la dévastation de Brue était affreuse, le village désert, la campagne en friche, les fabriques et les manufactures abandonnées, les moulins ne travaillaient plus, les nouvelles plantations en vignes, en oliviers, en mûriers avaient péri. »

Achard lui-même, qui paraît avoir vu de près Georgs Roux, écrivait en 1787 :

« Les foires de Brue sont moins fréquentées aujourd'hui; quant au village, il n'y a que vingt-cinq familles et on n'y compte qu'un feu et un tiers. »

Et le procès durait toujours.

« Mais où M. de Roux, dit un mémoire déjà cité, puise-t-il les fonds pour fournir à son procès? *Dans la bourse de ses amis*. Cet homme, en qui personne n'a eu à re-

(1) *Mémoire pour Verdillon*, page 11.

gretter un bienfaiteur, selon l'expression de M. Verdilhon, qui néanmoins a éprouvé un ingrat en ce courtier, a trouvé des amis qui le plaignent et qui le secourent. Il fournit à son procès par les contributions de plus de cent négociants de Marseille, de la Provence et du Languedoc qui sont unis à lui, parce qu'ils ont intérêt que la Cour délivre la place de Marseille de la tyrannie des courtiers. »

Ruiné par Verdilhon, George Roux se retira d'abord à Aix, puis dans son château de Brue. C'est là que nous allons le suivre, et quelque aride que soit ma tâche, voyons ce qu'il va devenir.

V

L'âge est venu pour le marquis et la solitude l'entoure; le riche armateur marseillais n'est plus qu'un modeste propriétaire de village; aucun relief tardif ne fait ressortir ses dernières années, et si je voulais parler de lui plus longuement, il faudrait répéter les anecdotes qu'on m'a racontées à Brue.

Car les petites anecdotes ne manquent pas et j'en pourrais citer un certain nombre, si justement elles ne prouvaient que trop combien en vieillissant, Roux de Corse, l'homme aux grandes idées, aux vastes entreprises, était devenu modeste en ses désirs, le dirai-je, hélas! original et petit dans ses relations avec le monde.

Sa vie d'intérieur se ressentit nécessairement des effets de l'âge et des atteintes de la gêne. Seul avec Madame de Roux, dans cette vaste maison tombant en ruine, ce vieillard allait et venait, maugréant contre ses gens, s'occupant des détails du ménage et tuant le temps comme le font aujourd'hui les vieux rentiers et les retraités des finances et de l'armée.

Je citerai deux petits faits qui n'amoindriront pas, je

l'espère, mon héros aux yeux des lecteurs, car ils se rappelleront sans doute que l'homme dont je parle a plus de 80 ans.

Que faire dans les longues soirées d'hiver, quand la solitude vous environne, que la pluie tombe ou que le mistral souffle ? Le jeu n'offre-t-il pas une suprême ressource et, entre autres divertissements de ce genre, celui qu'un esprit ingénieux inventa pour égayer l'humeur sombre de Charles VI ?

Le marquis jouait donc aux cartes et en bon bourgeois il avait pour partenaire Madame de Roux.

Ce devait être quelque chose de curieux que de voir cet homme qui avait manipulé des millions, colonisé les Antilles, lancé des vaisseaux à la poursuite des escadres anglaises, s'asseoir devant une modeste place et mettre devant lui pour enjeu... quoi ? une pièce de trente sous !

De son côté, Madame de Roux plaçait devant elle une somme équivalente et la partie commençait, partie jouée avec conviction, avec acharnement, dans laquelle se rencontraient le calcul du financier d'un côté et de l'autre la finesse de la femme du monde.

Enfin, la partie se terminait comme finissent les batailles : l'un des deux joueurs se proclamait vainqueur et tâchait de s'emparer du butin. Ceci avait lieu immanquablement quand le marquis gagnait. D'un geste prompt et dégagé il empochait les trente sous de sa femme et s'en allait en riant. Mais si le sort, au contraire, avait favorisé Madame de Roux, le vieux marquis trouvait mille raisons pour prouver que le coup était douteux, la partie nulle et il quittait la table en renvoyant au lendemain la reprise de l'engagement.

Du reste George Roux était pour sa femme d'une complaisance rare. Grand seigneur, même dans sa misère, il conservait les habitudes et les manières du monde.

Tous les matins il entrait dans la chambre de Madame de Roux pour s'informer de l'état de sa santé; mais, comme presque tous les maris, il ne croyait guère aux indispositions de sa femme. Cependant Madame de Roux n'était point une malade imaginaire, puisqu'elle souffrait d'un asthme chronique.

C'est la nuit surtout que la vieille marquise était le plus tourmentée; aussi, régulièrement, deux jeunes filles, deux paysannes, Clairon et Madeleine, couchaient dans sa chambre pour la secourir en cas de besoin.

Mais Clairon et Madeleine étaient jeunes, elles étaient vigoureuses; de plus elles étaient occupées tout le jour dans le jardin du marquis, et la nuit, au lieu de veiller, elles dormaient.

Madame de Roux respirait avec peine, elle se plaignait, elle demandait parfois qu'on relevât son oreiller ou son traversin... Clairon et Madeleine dormaient... et lorsque l'aube venait, comme toutes les malades de ce genre, Madame de Roux s'assoupissait. Les deux jeunes filles se levaient alors et marchant sur la pointe du pied, s'en allaient à leurs travaux du jour.

Le marquis était déjà debout et guettant Clairon et Madeleine, il les arrêtait au passage pour demander des nouvelles de leur maîtresse.

— Madame la marquise n'a pas bougé de la nuit, répondaient invariablement les jeunes paysannes, et en ce moment elle repose.

Le marquis s'en allait satisfait et quand Madame de Roux sonnait, il était le premier à venir la saluer. Mais lorsque la pauvre châtelaine, aux questions de son mari, répondait :

— Quelle nuit, marquis! j'ai cruellement souffert et n'ai pas fermé l'œil un instant...

— Allons, allons, ma chère, vous plaisantez, répliquait George. Roux, vous vous portez comme un charme.

Et sans écouter les protestations de sa femme, il s'en allait, bien convaincu que la marquise voulait se rendre intéressante et que Clairon et Madeleine avaient dit la vérité.

Ce qui est incontestable, c'est que le marquis était embarrassé non-senlement pour faire face aux dépenses qu'exigeait son interminable procès, mais encore pour subvenir aux frais du ménage. En dernier lieu, la jouissance du pigeonnier appartenait exclusivement à Madame de Roux, le marquis ne se préoccupant jamais de sa prospérité ou de sa décadence.

Qu'on ne s'étonne pas de voir la marquise de Brue élever des pigeons. Ce qui suit, extrait d'un mémoire portant la date de 1773, en dira assez :

« Le marquis de Roux est donc *millionnaire*. Il est dépourvu de tout depuis ses saisies. La terre est à peine arrentée à 8,000 livres. Cette somme est absorbée par les réparations nécessaires à une terre que M. Verdilhon a laissé sans culture pendant un an.

« De quoi le marquis de Roux vit-il donc? *Ils vivent, sa femme et lui, de leurs robes, habits et linges qu'ils vendent. Elle fournit même à sa subsistance par le travail de ses mains.* »

Vint cependant le moment où le vieux marquis dut s'occuper seul de ses affaires, car Madame de Roux mourut, le 6 février 1783. Voici l'acte de décès :

« Dame Lucie de Beraud, épouse de Messire Georges de Roux, chevalier, conseiller d'État, chevalier de l'Ordre de Saint-Michel, seigneur marquis de ce lieu de Brue, du Pavillon, est morte le 6 février 1783, après avoir été administrée par Messire Abram, curé de Seillons, de notre expresse permission accordée à la prière dudit Messire marquis de Roux, suivant la déclaration à nous faite le cinq du présent mois, signée Abram, curé, et François Brun, déclaration qui porte que c'est ledit seigneur qui les a envoyé exprès pour nous demander ladite permission, sans toutefois que cette permission accordée une fois seulement puisse tirer à conséquence et préjudicier aux droits curiaux à la paroissialité et a été ensevelie le huit dudit mois dans le tombeau dudit seigneur, qui est dans la chapelle du village de Brue, par nous curé soussigné. Le convoi a été suivi de tous les habitants, d'un nombre de prêtres et autres messieurs. Le corps ayant été porté auparavant à la paroisse, il s'est dit une grande messe de *Requiem*. Témoins tous ceux qui l'ont accompagnée et qui ne sont pas revenus à la paroisse pour signer.

« *Signé :* Aubert, curé (1). »

Une des dernières satisfactions qu'éprouva George Roux fut celle que lui apporta le mariage de sa petite-fille Luce-Marie-Charles de Glandevès avec Messire Charles-Magloire-Dieudonné de Mercier. La cérémonie eut lieu à Brue le 23 août 1785.

Qui se douterait, en lisant la nomenclature des titres de tous les personnages qui figurent à ce mariage, que quatre ou cinq ans plus tard tous ces seigneurs seront dispersés à l'étranger ou cachés dans les fermes isolées et qu'il ne restera à Brue qu'un vieillard qu'on laissera dans l'abandon !

« L'an mil sept cent quatre-vingt-cinq et le vingt-trois du mois d'août, en vertu de la permission par écrit à nous accordée, etc., etc., a été célébré, dans la chapelle de Brue, avec la permission par écrit de Messieurs les vicaires-généraux de ce diocèse, le mariage entre noble Messire Charles-Magloire-Dieudonné de Mercier, chevalier lieutenant des vaisseaux du roi, chevalier de l'Ordre

(1) Archives de Brue-Auriac, *registre de l'Etat-Civil*.

royal et militaire de Saint-Louis, domicilié à Toulon, fils majeur de Messire Antoine de Mercier, chevalier chef d'escadre des armées navales de Sa Majesté et chevalier de l'Ordre royal et militaire de Saint-Louis, demeurant à Paris, rue du Chantre, etc., ledit sieur de Mercier émancipé de la puissance paternelle, etc., et noble demoiselle Lucie-Marie-Charles de Glandevès, fille mineure de haut et puissant seigneur Messire Reimond-Pierre de Glandevès, baron de Glandevès, chevalier seigneur du Castellet, Vergons et autres lieux, sénéchal du siége et ressort de la ville de Castellane, ancien capitaine des vaisseaux du roi et chevalier de l'Ordre royal et militaire de Saint-Louis, et de haute et puissante dame Marie-Désirée-Marseille de Roux, ladite demoiselle procédant avec la présence et consentement desdits sieurs baron et dame baronne de Glandevès, ses père et mère. La bénédiction nuptiale leur a été donnée par Messire Joseph de Glandevès, prêtre du diocèse de Glandevès, oncle paternel de la demoiselle, chanoine et comte de Saint-Victor de Marseille, vicaire-général du diocèse de Noyon, prieur commandataire de Notre-Dame de Boulogne, diocèse de Blois, et abbé de Sauve, diocèse d'Alais, en présence de nous Joseph Dalmas, curé de ce dit lieu de Brue, etc. Le tout fait en présence de Messire Gaspard-Joseph de Lestang de Parade, chevalier non profès de l'Ordre de Saint-Jean de Jérusalem, lieutenant des vaisseaux du roi, originaire de la ville d'Arles; de Messire Jean-Baptiste-Joseph-Ursule du Puget, ancien capitaine de dragons, chevalier de l'Ordre royal et militaire de Saint-Louis, seigneur de la Source; de Messire Pierre-François-Auguste de Pontevès, de la ville de Barjols, et de Messire Noël Merlès, prêtre prévôt en l'église collégiale dudit Barjols, témoins requis et signés, etc. *Signé :* Mercier; Marie-Luce-Charles de Glandevès; Mercier; Glandevès; Barthe; Roux Glan-

DEVÈS; le M. de ROUX; le Ch. François de GLANDEVÈS; le Comm. de GLANDEVÈS; AUDIFFREN; le ch. de l'ESTANG-PARADE; le A. B. de GLANDEVÈS; le vicomte de PUGET; GLANDEVÈS-NIOZELLES; MERLÈS, prévôt; le Ch. de PONTEVÈS; R. de LOMÉNIE; RICARD, juge de Brue: ICARD, Ch. théologal; l'abbé de GLANDEVÈS; DALMAS, curé (1). »

Quatre ans après, la France était en pleine révolution et le vieux marquis, seigneur de Brue et de Pavillon, n'est plus, de par la loi, qu'un simple citoyen français.

Abandonné de tous, à l'âge de quatre-vingt-neuf-ans, Georges Roux meurt enfin, et au lieu de cette foule qui a suivi le convoi de la marquise de Brue ou qui s'est pressée autour de Madame de Mercier, quand elle s'est mariée, on ne trouve à son lit de mort que trois prêtres assermentés qui l'ensevelissent par devoir. Quant à ses titres, voyez comme pour se conformer au décret du 19 juin 1790, l'acte mortuaire en fait bon marché :

« L'an mil sept cent quatre-vingt-douze et le treize du mois de mars, Georges Roux, doyen du ci-devant Ordre de Saint-Michel, âgé de quatre-vingt-neuf ans, demeurant au lieu de Brue, mort le douze, à quatre heures du matin, a été enseveli dans le tombeau qui est dans sa chapelle du village de Brue, en présence de MM. Joseph Tanneron, vicaire à la paroisse de Barjols, et Jean-Baptiste Reybert, prêtre de Barjols, qui ont signé avec nous.

« *Signé* : TANNERON, prêtre; REYBERT, prêtre, et AICARDY, curé (2). »

Suivant les désirs qu'il en avait manifestés, George Roux fut inhumé dans le caveau qu'il avait fait construire et dans lequel se trouvait déjà la dépouille de Madame de Roux. Contrairement à ce qu'on eût pu attendre de la part d'un homme auquel rien de ce que peuvent

(1) Archives de Brue-Auriac, *registre de l'Etat-civil.*

(2) Archives de Brue-Auriac, *registre de l'Etat-civil*

donner la fortune et les honneurs n'avait manqué, ce caveau n'avait rien de monumental : c'était un simple carré en maçonnerie recouvert de trois ou quatre dalles. Ce caveau était placé dans le chœur de l'église édifiée par le marquis.

Mais il était dit que l'ennemi du roi d'Angleterre serait tourmenté même après sa mort. En 1815, M. Verdilhon, fils de celui-là même qui avait ruiné George Roux, étant devenu acquéreur de la plus grande partie du village, et pensant, avec raison, d'ailleurs, que l'église était beaucoup trop spacieuse pour les besoins de la population et qu'il pouvait en prendre une grande partie pour s'en faire une demeure particulière, fit subir à l'église des modifications telles que les choses changèrent presque complètement d'aspect.

Les ossements de Monsieur et de Madame de Roux se trouvant dans la partie de la chapelle qu'il voulait affecter à son logement, il les fit enlever, transporter dans la chapelle de *Notre-Dame de l'Assomption*, monument du Moyen-Age dont j'ai parlé ailleurs, et ensevelir sous l'autel. Cette chapelle est retournée définitivement depuis en toute propriété à la commune de Brue (1).

Quant à l'église du village, elle a servi à la population jusqu'en 1858 et depuis que la nouvelle *paroisse* a été construite, elle est redevenue plus que jamais propriété privée.

Que devinrent, après la mort de George Roux, la terre de Brue, le village et toutes les fermes construites quarante ans auparavant avec tant de frais ?

Quelques lignes suffiront pour le dire.

Peu de mois après la mort du marquis, la Révolution marcha à grands pas. Le roi tomba, les nobles qui n'a-

(1) Tous ces renseignements m'ont été donnés par M. Barbaroux, témoin oculaire de la plupart de ces faits.

vaient pas émigré déjà partirent pour l'étranger ou suivirent Louis XVI sur l'échafaud. Le gendre de George Roux, Raimond de Glandevès, émigra avec sa femme, laissant ses affaires dans le plus complet désarroi. La fille de George Roux mourut au port Sainte-Marie, en Espagne, le 25 octobre 1800, laissant un fils, George-François-Marie de Glandevès, et une fille que nous avons vue épouser, en 1785, M. Mercier et qui se remaria en secondes noces avec Gaspard Bellon de Sainte-Marguerite.

Le château de George Roux tomba rapidement en ruine; quelques mains coupables achevèrent de le dévaster et finalement, en conséquence de la loi rendue contre les émigrés, Brue et toutes ses dépendances furent vendus par l'État après avoir été confisqués à son profit.

La vente eut lieu à Brignoles. Deux acquéreurs se présentèrent : l'un, M. Livon, de Marseille, acheta la forêt dont l'étendue est de 2,000 hectares environ; l'autre, M. Feraud, acheta les ruines du château, les aires du village et la chapelle Notre-Dame.

A la Restauration, M. Verdilhon, fils de Pierre Verdilhon, racheta le tout à MM. Livon et Feraud et demeura unique propriétaire jusqu'au moment où il le revendit à M. Clapier.

Il est assez difficile de savoir ce que sont devenus les objets que renfermait l'église de Brue. Je puis cependant fournir quelques renseignements.

Le maître-autel, qui était fort beau, a été transporté à la Roquebrussane, dans le Var, et a été placé dans l'église paroissiale. Les quatre tableaux dont parle Achard furent vendus à des particuliers. Quant à la toile que George Roux avait fait placer derrière le maître-autel et qui représentait saint George, elle fut d'abord achetée par la paroisse de Barjols. M. Montagnac, curé de Berre, la racheta en 1834 pour la revendre ensuite à une des églises de la banlieue de Marseille, Saint-Henry, m'a-t-on assuré.

Un dernier mot sur la commune.

Brue et Auriac, vulgairement appelé Château-Saint-Estève, ne forment plus aujourd'hui qu'une commune sous le nom de Brue-Auriac qui comprend une population de 600 âmes environ. L'industrie y est nulle; on ne s'y occupe que d'agriculture en temps ordinaire et de la fabrication de charbon au moment propice. On n'y fait plus de soie, bien que plusieurs filatures, ai-je dit ailleurs, eussent été fondées par George Roux. La plus importante de ces fabriques était située à proximité de son château, sur l'alignement du Cours. On m'en a montré, non pas les ruines, mais les traces. Cette filature est aujourd'hui un jardin potager dont Madame Clapier est propriétaire aussi bien que du château.

Du château, il ne reste que les fondations. Démoli en grande partie pendant la Terreur, dans un de ces moments d'aberration auxquels les paysans aussi bien que les habitants des villes n'ont que trop obéi, la demeure de George Roux a été transformée complètement par M. Clapier, qui modifia les bâtiments pour en faire une fabrique de faïence. Mais la nouvelle usine n'a fonctionné que peu de temps et n'a jamais donné de bénéfices à l'industriel. Madame Clapier a converti le tout en greniers à foin et en celliers.

La commune de Brue possède une église qui peut passer pour neuve, car elle date d'une douzaine d'années seulement. Son emplacement a été bien choisi. Construite sur la route, quoique un peu en diagonale, elle fait face à l'ancien château de George Roux, les deux édifices se trouvant ainsi aux extrémités du Cours. L'église est gracieuse, dans le style romano-bysantin, et quoique de dimensions médiocres, elle est suffisante pour la population. Rien ne fait supposer que plus tard il puisse en être différemment.

Comme du temps du marquis, Brue-Auriac célèbre sa fête sous le vocable de saint George, le premier dimanche du mois de mai; toutefois les étrangers ne s'y pressent guère. Quant aux foires, je n'ai pas besoin de dire qu'elles sont tombées en désuétude.

En résumé, de tout ce qui appartint à George Roux, que peut-on montrer encore avec quelque satisfaction? Rien que l'hôtel qui pendant plus de soixante ans a été le siége de la préfecture des Bouches-du-Rhône.

Le 25 mars 1794, la municipalité délibéra de demander à l'administration du district l'hôtel de Roux de Corse, pour y transporter le collége, mais ce projet n'eut pas de suite. En 1805, M. George-François-Pierre de Glandevès, petit-fils du marquis de Brue, le vendit à la ville de Marseille, au prix de 220,000 francs, et celle-ci, qui avait déjà eu la main forcée pour acheter cet immeuble, dut encore dépenser une somme considérable à l'effet de l'approprier pour le logement du préfet et l'installation de ses bureaux (1).

Aujourd'hui nous passons indifférents devant le n° 15 de la rue Montgrand. L'hôtel de Roux de Corse est un local presque délaissé dans lequel se tiennent seulement des réunions scientifiques et des expositions artistiques et où les jeunes filles qui suivaient les cours d'enseignement inaugurés par M. Duruy écoutèrent les leçons de quelques professeurs de mérite.

Je ne saurais terminer cette notice écrite spécialement pour des négociants et des armateurs, sans exprimer un vœu qu'on n'écoutera peut-être pas, celui qui le formule n'ayant pas la voix assez puissante pour faire vibrer les échos de notre ville, mais qui n'en est pas moins légitime.

Dans cette ville commerciale et maritime de premier

(1) *Statistique des Bouches-du-Rhône*, tome III.

ordre dont le passé est si glorieux et l'avenir, l'a-t-on répété si souvent dans les hautes régions officielles, est plein de promesses, les armateurs et les négociants marseillais ne peuvent montrer à leurs correspondants, lorsqu'ils ont à leur faire les honneurs de Marseille, ni statue, ni bas-relief, ni buste même rappelant les traits d'un négociant, d'un armateur. Il leur est permis de les faire arrêter devant des blocs de pierre ou de métal représentant Pythéas, Euthymène, Homère, Puget, Belsunce... ; mais s'il s'agit de fixer leur attention sur une œuvre rappelant un homme célèbre dans le commerce, leur impuissance devient manifeste.

Roux de Corse, je crois l'avoir montré, est une grande figure que les Marseillais ne sauraient tenir plus longtemps dans l'ombre et dans l'oubli. La Chambre de Commerce doit prendre l'initiative pour demander que sur une de nos places publiques on élève une statue au pied de laquelle on lirait l'inscription suivante :

A
ROUX DE CORSE
NÉGOCIANT ET ARMATEUR MARSEILLAIS!
IL DEVINT PUISSANT ET RICHE
EN TRAVAILLANT A LA PROSPÉRITÉ DE L'ÉTAT
ET DE SA VILLE NATALE
ET MOURUT PAUVRE ET DÉLAISSÉ
POUR N'AVOIR PAS VOULU MANQUER AUX LOIS
DE L'HONNÊTETÉ COMMERCIALE.

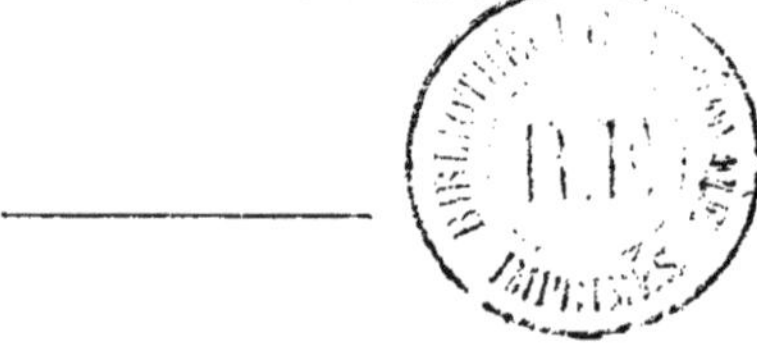

133

www.ingramcontent.com/pod-product-compliance
Ingram Content Group UK Ltd.
Pitfield, Milton Keynes, MK11 3LW, UK
UKHW021653260726
13994UKWH00003B/1439

9 782329 378749